초등학생을 위한
우리말 생각 사전

조현용 원작
우리말알림이팀 글

주니어마리

우리말 속에 담긴 비밀!

어린이 여러분, 이 세상에 말이 없다면 어떨까요? 아휴, 상상만 해도 답답하죠? 아침에 눈을 떠서 저녁에 잠자리에 들 때까지 우리는 늘 말과 함께 생활해요. 여러분은 어떤 말을 주로 쓰나요? 혹시 좋은 말도 많은데 못생긴 말을 쓰지는 않나요?

좋은 말은 좋은 생각을 담고 있고, 못생긴 말은 삐뚤어진 못난 생각을 담고 있어요. 이게 바로 말의 비밀이에요. 좋은 말을 쓰면 좋은 마음을 가진 예쁜 사람으로 점점 변해요. 좋은 마음에서 좋은 말이 나오거든요. 반대로 못생긴 말을 쓰면 삐뚤어진 마음을 가진 못생긴 사람으로 변해 간답니다.

나도 모르게 못생긴 말을 쓸까 봐 걱정된다고요? 걱정하지 마세요! 우리는 모두 '우리말'을 쓰고 있으니까요. 몇천 년 전부터 우리 조상들이 써 온 우리말에는 좋은 생각을 담고 있는 말이 많아요. 어린이 여러분이 우리말 속에 담긴 비밀을 알게 된다면, 더욱 예쁜 우리말을 쓸 수 있을 거예요.

《초등학생을 위한 우리말 생각 사전》은 우리말 속에 담긴 비밀들을 하나씩 풀어 가는 수수께끼 풀이와도 같은 책이에요. 좋은 생각들을 담은 우리말을 연구하는 선생님과 함께 다채로운 말들 속에 어떤 생각과 비밀이 숨어 있는지 한번 찾아봐요! 이왕이면 선생님이 못 찾은 비밀도 여러분이 찾아내면 좋겠어요.

2024년 1월
조현용

차례

들어가는 말 우리말 속에 담긴 비밀! ·········· 4

우리 모두를 생각하는 고운 우리말

있는 그대로의 내가 가장 **아름답다** ·········· 10
공부야말로 가장 **재미**있다고? ·········· 14
너와 나는 **다르다**, 그래서 오히려 좋다 ·········· 17
너 참 마음이 **못생겼다** ·········· 21
너를 **사랑**해서 네 생각만 나 ·········· 25
넌 사람을 봤는데 **인사**도 안 하니? ·········· 28
천국의 조건, 사람들끼리 **사이가 좋다** ·········· 31
고맙습니다, 존경합니다, 미안합니다 ·········· 35
내 집 아니고, **우리** 집 ·········· 38
미운 **정** 고운 **정** 다 들었다 ·········· 41
정말 나를 위해서 하는 말 맞아? ·········· 44
미안해, 다시 **실수**하지 않을게 ·········· 47
우리 **소통**해요, 친해져 봐요 ·········· 50
조화로운 사람이 살아남는다 ·········· 54
우리 **만남**은 우연이 아니야 ·········· 58

좋은 마음이 자라는 깊은 우리말

너랑 놀 **시간**이 어디 있어?	62
궁금증은 세상에서 가장 아름다운 병이야	65
모든 사람이 내 **스승**입니다	68
평등하게 나누자, **평등**하게!	71
나쁜 짓을 해 놓고 **최선**을 다했다니	75
열심히 해서 **차선**을 최선으로 만들자	78
내게 누군가를 **손가락질**할 자격이 있을까?	81
왜 쓸데없이 **싸움**을 거나요?	84
어렵다고? 이해하면 쉬워!	88
잘못하지도 않았는데 혼나서 **억울**해	91
따뜻한 **평가**는 고래도 춤추게 한다	94
왕따라는 말은 갖다 버려야 해	97

들으면 힘이 나는 놀라운 우리말

약자도 **배려**할 줄 모르면서 어떻게 선진국이 되나? ········ **102**
제 **장래 희망**은 '좋은' 의사입니다 ························ **106**
내일 하려고 미루지 말고 지금 해! ························ **109**
위기는 또 다른 기회야 ································· **112**
공부하니까 **차라리** 마음이 편해 ·························· **115**
잘 안 풀리면 **기지개**를 켜 봐 ···························· **118**
너무 **미리** 걱정하는 거 아냐? ··························· **121**
까짓것, 별것 아니니까 툭툭 털어 버려 ····················· **124**
이 책이 너에게 **행운**이 되길 ····························· **127**

우리 모두를 생각하는 고운 우리말

있는 그대로의 내가 가장 <mark>아름답다</mark>

>>> 훌륭하고 멋지다.

‘나도 아름다워지면 얼마나 좋을까?’ 누구나 이런 생각을 한 번쯤은 해 보았을 거예요. 거울을 들여다보며 '내 눈은 왜 이리 작을까? 내 코가 조금만 더 오똑했으면······.' 하고 속상해한 적 있지요? 방송에 나오는 연예인 언니, 오빠, 형, 누나를 부러워한 적도 있을 거예요.

여러분은 어떤 사람이 아름답다고 생각하나요? 아름다운 사람의 기준은 나라마다, 또 시대마다 다르답니다. 조선 시대 화가 신윤복의 〈미인도〉를 보면 당시 미인은 눈, 코, 입이 작았습니다. 요즘 미인의 기준과는 차이가 있지요. 어떤 기준이 맞을까요? 진짜 아름다움이란 무엇일까요?

정답은 '아름답다'라는 말에 숨어 있어요. 옛 우리말에서 '아름'은 '나'라는 의미였어요. 결국 '아름답다'라는 말은 '나답다'라는 뜻이에요. 우리 조상님들은 나다운 모습이 가장 아름답다고 생각했어요. '아름답다'라는 말 속에는 외모보다는 그 사람의 본래 모습에서 진짜 아름다움이 나온다는 뜻이 들어 있어요. '언니답다', '형답다'라는 말도 똑같아요. 나는 나다울 때 가장 아름다운 것처럼, 언니는 언니다울 때, 형은 형다울 때 가장 아름답다는 뜻이지요.

 다른 사람의 아름다움을 따라 하지 마세요. 지금의 내 모습 그대로를 인정하고 사랑하세요. 아무리 봐도 나는 잘난 게 없다고요? 내 모습을 제대로 바라보지 않아서 안 보이는 것뿐이에요. 잘 들여다보면 나의 장점과 예쁜 구석을 꼭 찾을 수 있을 거예요. 그것이 바로 '나다움'이랍니다.

 내가 얼마나 아름답고 귀한 사람인지 깨달으면 다른 사람의 아름다움도 제대로 볼 수 있어요. 내가 아름답고 귀한 사람이듯 그들도 아름답고 귀하다고 생각하니까요. 이렇게 자신의 아름다움과 다른 사람의 아름다움을 아는 사람이 계속 늘어날수록 세상은 더욱 아름다워진답니다.

생각해 보기

내가 생각하는 '나다움'은 어떤 모습인가요? 나다운 모습 세 가지를 찾아서 써 보세요.

1. _____

2. _____

3. _____

다른 사람들이 생각하는 나의 장점은 무엇일까요? 부모님, 형제자매, 친구에게 물어서 세 가지를 적어 보세요.

1. _____

2. _____

3. _____

공부야말로
가장 재미있다고?

>>> 보람 있고
즐거운 기분.

가족끼리 영화관에 나들이를 다녀왔어요. 슬픈 영화를 보면서 다 같이 눈물 콧물 쏙 빼고 나왔는데 부모님이 "정말 재미있었어."라고 하셨어요. 저번에는 코미디 영화를 보고 하나도 재미없었다고 하셨으면서요. 이럴 때 보면 재미있다는 말이 참 알쏭달쏭해요. 나는 웃음이 터져 나올 때, 친구들과 놀이에 푹 빠져 있을 때 재미있다고 하는데 말이지요. 재미있다는 말은 과연 무슨 뜻일까요?

'재미'는 웃기다는 말이 아닙니다. 의미 있는 즐거움을 뜻하는 말이에요. 슬픈 영화가 부모님에게는 의미 있고 좋은 내용이었나 봐요. 부모님이 영화가 재미있었다고 하신 걸 보면요.

의미 있는 즐거움은 '나'를 기준으로 판단해요. 내가 관심 있는 취미 생활이 재미있고요, 내가 좋아하는 사람과 함께하는 시간이 재미있어요. 내가 의미 있다고 생각하는 직업을 가지면 더 재미있게 일해요. 또 창의성이 있으면 더욱 재미있어요. 여러분도 그동안 하지 않았던 새로운 놀이, 새로운 일을

할 때 더 재미있지 않나요?

  재미를 느끼는 건 사람마다 달라요. 그래서 세상이 더 재미있겠죠. 다 똑같이 생기고 다 똑같이 공부만 잘하고 다 똑같은 취미만 가진 사람들이 사는 세상은 얼마나 재미없을까요? 서로의 재미를 인정하며 의미 있고 재미있게 살아 보자고요. 그러나 다른 사람에게 피해를 주는 재미는 '가짜 재미'예요. 다른 사람을 괴롭히는 폭력이라는 사실을 꼭 기억하세요.

생각해 보기

영화관에서 큰 소리로 웃고 떠들며 다른 사람을 방해한다면 이건 혼자만 재미있는 '가짜 재미'예요. 다른 사람들에게 피해를 주는 또 다른 '가짜 재미'에는 무엇이 있을까요?

너와 나는 <u>다르다</u>, ▶▶▶ 서로 같지 않다.
그래서 오히려
좋다

TV에서 방영하는 토론 프로그램을 시청하다 보면 꼭 듣는 말이 있어요. 한 토론자가 다른 토론자의 주장을 한참 듣고 나서 하는 말이에요.

"아, 그러신가요? 하지만 제 생각은 틀립니다."

여러분은 이 표현을 들으면 어떤 생각이 드나요? 자기 스스로 자기 생각이 틀렸다니! 곰곰이 따져 보면 말이 안 맞지요. 아마 이 사람이 하려던 말은 "제 생각은 다릅니다."였을 거예요.

'다르다'와 '틀리다', 참 많이 헷갈리는 말이죠. 이럴 때는 반대말을 생각하면 쉽게 구분할 수 있어요. '다르다'의 반대말은 '같다'이고, '틀리다'의 반대말은 '맞다'예요. '다르다'는 서로 같지 않은 것뿐이지만, '틀리다'에는 잘못되었다는 의미가 들어 있어요.

왜 '다르다'와 '틀리다'를 잘 구분하지 못할까요? 아마도 서로 다른 것을 인정하지 않는 태도 때문일지도 몰라요. 나와 생김새나 생각이 다른 사람을 이상하다고 생각하면서, 내가 옳다고 주장하고 싶기 때문이 아닐까요. 하지만 모든 사람이 똑같이 생기고 똑같은 생각만 한다면 무슨 재미가 있을까요? 만나는 사람마다 다 나와 똑같이 생겼다면 오히려 섬뜩하고 무섭지 않을까요?

 물론 내가 좋아하고 존경하는 사람과 닮고 싶은 마음이 생기는 건 자연스러운 현상이에요. 하지만 그 사람을 닮아 간다고 해도 그 사람과 똑같아질 수는 없어요. 이것은 '다르다'와 '닮다'라는 단어를 살펴보면 알 수 있어요. '다르다'와 '닮다'는 어원이 같아요. 즉 '닮다'는 비슷하지만 똑같은 것은 아니랍니다.

 그러니 다른 사람의 좋은 점을 닮아 가려고 노력하면서 나만의 개성도 찾아야 합니다. 다르기 때문에 더 좋고, 다르기 때문에 더 재미있으니까요.

남과 다른 나만의 개성은 무엇이 있을까요? 잘 생각나지 않으면 주변 사람들에게 물어도 좋아요.

_____

_____

_____

내가 아끼고 좋아하는 사람을 한 명 떠올려 보세요. 그리고 그 사람만의 개성을 찾아서 적어 보세요.

_____

_____

_____

너 참 마음이 못생겼다

>>> 잘나지 못하다.

저는 위인들의 이야기를 좋아해서 위인전을 많이 읽어요. 여러분은 어떤 위인들을 좋아하나요? 위인전을 읽다 보면 신기하게도 위인들의 용모가 무척 뛰어났다고 해요. 동화 속 주인공도 마찬가지고요. 그런데 TV 뉴스를 보면 나쁜 짓을 해서 경찰에 잡혀가는 사람들 중에 잘생기고 예쁜 사람도 많아요. 한편 친구들 중에는 예쁘고 잘생기지는 않았지만, 마음이 고운 친구도 많고요.

'저 사람은 잘생겼으니 좋은 사람일 거야.' 혹은 '저 사람은 겉치레에 신경 쓰지 않으니 분명 좋은 사람일 거야.' 이렇게 사람의 겉모습만 보고 판단하면 위험하지 않을까요? 친구들도 자꾸 봐야 어떤지 알 수 있잖아요. 같이 놀고 같이 공부하고 친구 집에 놀러 가기도 하면서 그 친구를 더 잘 알 수 있지요.

'못생겼다'의 기준은 아름다움의 기준과 마찬가지로 나라마다, 또 시대마다 달라요. 진짜 중요한 건 내면이고, 내면의 아름다움은 겉모습만으로 판단할 수 없답니다. 그 사람을 제대로 '봐야' 가능한 일이지요.

고려 시대의 뛰어난 장군으로, 귀주대첩에서 거란의 10만 대군을 물리친 강감찬 장군에게는 유명한 일화가 있어요. 강감찬 장군은 키도 작고 용모도 보잘것없었나 봐요. 어느 날 강감찬 장군은 일부러 부하의 허름한 옷을 입고, 키가 크고 용모도 수려한 부하에게 자신의 옷을 입게 했어요. 그러고 나서 송나라의 사신을 만났는데, 그는 장군의 옷을 입은 부하가 아니라 부하의 옷을 입은 강감찬 장군에게 인사를 했다고 해요. 겉모습으로 사람을 판단하지 않았기 때문에 누가 진짜 장군인지 알아봤던 것이지요.

앞에서 '아름답다'라는 단어를 이야기할 때, 나다울 때가 가장 아름답다고 했던 것을 기억하나요? 상대의 아름다운 내면을 느끼는 순간, 나의 세계는 더 크고 넓어질 거예요. 눈에 보이지 않는 아름다움까지 헤아릴 수 있을 테니까요.

생각해 보기

내 마음의 못생긴 점이 있나요? 나의 부족한 점을 한 가지 생각해 적어 보세요. (예: 나만 생각하고 상대를 배려하지 않는다.)

_____

_____

_____

나의 못생긴 점을 고치려면 어떻게 해야 좋을까요?

_____

_____

_____

너를 사랑해서
네 생각만 나

>>> 다른 사람을 좋아하고 아끼는 마음.

여러분은 하루 동안 어떤 생각을 가장 많이 하나요? 옛날 우리말에서 '사랑하다'라는 말은 '생각하다'라는 의미였어요. 사랑하면 그 사람이 계속 생각나게 마련이니 우리 조상님들이 쓰던 우리말이 맞는 듯하네요. 그래서 옛 어르신들의 연애편지에 꼭 등장하는 말이 "당신 생각에 잠 못 이루었소!"였지요.

편의점에 새로 나온 과자가 너무 맛있을 때, 갑자기 동생 생각이 나서 남겨 두었다가 동생에게 나누어 주었다면 나는 동생을 사랑하는 거예요. 부모님과 함께 여행 갈 생각에 주말만 기다려진다면 부모님을 사랑하는 거예요. 사랑하는 사람과 함께 가는 여행이라 기다려지는 거니까요.

그런데 사랑한다고 하면서도 정작 그 사람이 무엇을 좋아하는지 잘 모르는 경우가 있어요. 부모님이 무슨 음식을 좋아하시는지, 친구가 어떤 일에 크게 기뻐하는지 여러분은 잘 알고 있나요? 지금이라도 사랑하는 사람에 관해 하나하나 알아

간다면, 그게 진짜로 그 사람을 생각하는 마음이겠지요.

   나를 아끼고 가꾸면서 살아가는 것도 사랑이에요. 내가 아프면, 또 못되게 굴면 나를 사랑하는 부모님의 마음이 아플 거예요. 그러니 부모님을 사랑한다면 항상 나를 아끼고 가꾸면서 살아야 해요. 사랑은 서로를 걱정하고 서로에게 기대하는 마음이기도 하거든요.

생각해 보기

내가 사랑하는 한 사람에 관해 자세히 알아봅시다. 그 사람이 좋아하는 음식, 제일 행복할 때, 지금 가장 해 보고 싶어 하는 일은 무엇일까요?

넌 사람을 봤는데 인사도 안 하니?

>>> 사람을 마주하거나 헤어질 때 예의를 표시하는 일.

어른들은 항상 사람을 만나면 인사를 잘하라고 말씀하십니다. 하지만 내가 먼저 인사를 건네려고 하면 아무래도 부끄럽고 어색하지요. 아파트 엘리베이터에서 이웃을 만나면 인사하려다가도 쑥스러워서 모른 척 바닥만 보곤 해요. 길거리에서 아는 어른이 보이면 재빨리 골목으로 숨거나 반대 방향으로 뛰어갈 때도 있어요. 어떨 때는 귀찮고 하기 싫은 인사, 왜 해야 할까요?

인사(人事)란 사람(人)의 일(事)이라는 뜻이에요. 참 재미없는 해석이네요. 하지만 잘 생각해 보면 사람에게 가장 중요한 일이기에 사람의 일이라고 하지 않았을까요?

내가 상대에게 인사하면 상대는 어떻게 할까요? 나를 존중하는 마음을 담아 나에게 인사를 하겠지요. 이처럼 서로가 서로를 존중하는 일이 바로 인사랍니다. 그러니 사람이 꼭 해야 하는 일, 사람의 일이라는 이름을 붙인 거예요.

꼭 해야 하는 일인 인사. 이왕이면 기분 좋게, 상대를 가리지 말고, 상대를 존중하는 마음으로 해 보세요. 친구들, 선생님, 이웃 사람들, 경비원 아저씨, 문구점 사장님까지 만나는 사람마다 밝은 목소리로 인사를 건네 봐요. 곧 온 동네가 인사하는 소리로 가득 찰 거예요.

"안녕하세요!"

생각해 보기

인사를 하는 게 어렵다면 인사를 잘하는 사람을 관찰해 따라 해 봅시다. 어떤 얼굴 표정과 말투를 가지고 있나요?

천국의 조건, 사람들끼리 사이가 좋다

>>> 사람과 사람의 중간이 좋다.

듣기만 해도 기분이 좋아지는 우리말이 있어요. '사이가 좋다'라는 말도 그중 하나예요. '두 사람의 관계가 좋다'라는 표현보다 더 정겨운 말이지요. '사이'란 사람과 사람의 중간을 가리켜요. 따라서 '사이가 좋다'란 사람과 사람의 중간이 좋다는 뜻이에요.

서로 잘 지내려면 두 사람의 중간, 즉 사이가 좋아야 해요. 다시 말해 각자 자기주장만 내세우면 사이가 나빠져요. 학교가 끝나고 친구와 맛있는 것을 먹으러 가기로 했는데, 친구는 떡볶이를 먹고 싶고 나는 피자를 먹고 싶어요. 이럴 때 내가 먹고 싶은 음식만 주장하면 당연히 사이가 나빠지겠지요. 하지만 내가 먹고 싶은 음식을 다음에 먹자고 양보하면 사이가 좋아져요. 마찬가지로 친구가 나를 위해 양보하면 나도 친구에게 감동해서 더욱 좋은 사이가 되겠지요.

천국과 지옥의 차이를 알려 주는 우화가 있어요. 천국과 지옥은 사실 똑같은 곳이라고 해요. 두 곳 모두 멋진 식탁 위에

맛있는 음식이 잔뜩 차려져 있어요. 사람들은 모두 테이블을 사이에 두고 마주 앉아, 1미터나 되는 긴 숟가락을 가지고 있고요. 모든 음식은 숟가락으로만 먹을 수 있고, 음식을 손으로 집거나 그릇을 들고 먹는 것은 불가능해요.

　지옥은 긴 숟가락으로 자기만 먹으려다 보니 한 입도 못 먹고 아수라장이 돼요. 그렇다면 천국의 모습은 어떻게 다를까요? 천국은 두 명씩 마주 앉아 서로의 입에 음식을 넣어 주며 맛있게 먹습니다. 지옥은 자기만 먹으려고 하니 다 같이 굶주리고, 천국은 사이좋게 서로 떠먹여 주니 다 같이 배부르고 행복해요.

　이처럼 자신의 이득만 내세우지 않고 상대를 위하면 사이가 좋아져서 내가 어디에 있든 그곳이 바로 천국이 돼요. 먼 곳에서 천국을 찾는 대신, 내 주변을 천국으로 만들면 어떨까요? 그 첫걸음이 바로 사람들과 사이좋게 지내는 거예요.

생각해 보기

최근에 사이가 나빠진 친구가 있나요? 그 이유가 무엇인지 적어 봅시다.

어떻게 하면 다시 사이가 좋아질 수 있을까요?

고맙습니다, 존경합니다, 미안합니다

>>> 그 사람 덕분에 마음이 흐뭇하고 즐겁다.

친구들이나 부모님께 고마움을 느낄 때가 있어요. 학교에서 선생님께도요. 부모님은 모든 일에 '고맙다'는 인사를 잊지 말아야 한다고 항상 말씀하시지요. 여러분은 언제 "고맙습니다!"라고 인사하나요? 떠올려 봅시다. 음, 일단 할아버지가 용돈을 주셨을 때. 놀이터에서 친구들과 축구를 하다가 공이 저 멀리 날아갔는데 지나가던 사람이 공을 차서 돌려줄 때. 아, 그리고 친구가 과자를 나누어 줄 때.

'고마'의 어원은 '존경하다'예요. 그러니까 "고맙습니다."라고 할 때는 상대를 존중하는 마음이 있어야 해요. 한편, 고맙다는 말 속에는 '미안함'도 있어요. 동생에게 심부름을 시키고 고맙다고 말할 때는 '너를 고생시켜서 미안해.'라는 뜻도 함께 담아 전달하는 거예요.

하지만 그동안 친구나 동생, 혹은 다른 사람들에게 존중하는 마음이나 미안한 마음을 담아 "고맙습니다!"라고 한 적은 별로 없었을 거예요. 이제라도 알았으니, 너무 쉽게 "고맙습니다."라고 하기보다는 뜻을 곰곰이 되새기며 말을 건네 보세요. 내게 도움을 준 사람을 존중하고 있는지, 나 때문에 고생한 사람에게 미안한 마음을 갖고 있는지 말이지요. 나를 위해서 애써 준 사람에게 미안한 마음이 없는 고마움은 진짜 고마움이 아니에요. 진심으로 고마운 마음을 표현한다면 상대에 대한 사랑이 저절로 샘솟고, 세상이 더 아름다워질 거예요. 세상에는 정말 고마운 일이 많으니까요.

생각해 보기

작은 일이라도 고마운 마음이 커지면 이 세상은 더 아름다워져요. 오늘 하루 중, 부모님과 친구에게 고마웠던 점을 떠올려 세 가지를 적어 봅시다.

내 집 아니고,
<u>우리</u> 집

>>> 말하는 나와
듣는 너를 함께
이르는 말.

형제자매가 없는 외동 친구가 이렇게 말하면 저절로 웃음이 나와요. "우리 엄마는 이따가 다섯 시에 오신대." 그럴 때면 "너한테 나도 모르는 동생이 있었어?"라고 대꾸해 주고 싶어요. 그런데 생각해 보면, 아무리 형제자매 없이 나 혼자라도 '내 엄마'라는 말은 어쩐지 어색하게 느껴져요. 왜일까요?

'우리'는 본래 '사람'을 뜻하는 말이었어요. 왠지 '울타리'에서 유래한 말일 것 같은데 뜻밖이지 않나요? '우리'라는 말은 우리와 우리를 제외한 사람들 사이에 경계를 세우고 구별하는 말이 아니에요. 모든 사람을 따뜻하게 아우르는 말이지요. 형제자매가 없어도 '내 엄마'보다 '우리 엄마'가 더 정감 가는 이유도 여기에 있을 거예요.

우리나라 사람들은 내 것이 아닌 것도 없고, 오롯이 내 것인 것도 없다고 생각했어요. 이 생각을 우리라는 말에 담아 썼고요. 이게 무슨 뜻일까요? 우리 모두가 함께 가지고 있지, 나'만' 가지고 있지 않다는 뜻이에요. 이것은 세상 모든 것을 함부로 다루지 않아야 하는 이유이기도 합니다.

이 세상은 우리 모두 함께 사는 곳이에요. '내 것이 아닌 우리 모두의 것'이라는 우리의 의미를 두고두고 기억하면 좋겠어요.

생각해 보기

우리 집/내 집, 우리 학교/내 학교, 우리 숟가락/내 숟가락, 우리 필통/내 필통 중에서 더 자연스러운 표현에 동그라미를 쳐 보세요. 그리고 '우리'가 아닌 '내'가 붙어야 자연스러운 단어들은 어떤 특징을 가졌는지 생각해 적어 보세요.

미운 정 고운 정 다 들었다

>>> 오랫동안 보고 지내며 생긴 사랑하는 마음.

우리말에는 '정'과 관련한 표현이 참 많아요. 정을 나누다, 정을 주다, 정을 붙이다, 정을 떼다, 정이 들다, 정들자 이별……. 아이고, 많기도 하네요.

그중에서 가장 재미있는 표현이 '미운 정 고운 정'이에요. 좋아할 때만 정이 드는 게 아니라 미워하고 싫어해도 깊이 정이 든다는 뜻이지요.

우리나라 사람들에게 정이 많다고 하는 이유는 아마도 미운 정 때문이 아닐까요? 미우면 정이 안 생길 것 같지만 미워도 정이 생겨요. 정에는 좋은 것만 있지 않거든요. 기쁨, 슬픔, 억울함, 분노, 행복……. 이 모든 감정을 섞어 너와 내가 쌓은 추억이 바로 '정'이에요.

정은 같이 어울려 살아가기 위한 지혜로운 감정이에요. 정을 기억한다면 친구끼리 오해가 생겨 다툴 일도 없을 거예요. 요즘에는 친구끼리 툭하면 "됐어, 너랑은 절교야. 안 보면 되지!"라고 합니다. 그런데 밉다고 무조건 헤어지면 계속 만날 수 있는 사람이 어디 있겠어요.

그러니 미울수록 더 잘해 주세요. 당장 밉다고 헤어지면 나중에 함께 놀았던 기억, 싸우면서 깊어진 정 때문에 내가 친구를 더 보고 싶어 할 수 있으니까요.

생각해 보기

친구 사이에는 서로 마음을 열고 대화하는 것이 중요해요. 친구와 함께 서로에게 서운했던 일과 고마웠던 일을 이야기해 보세요.

<u>정말</u> 나를 위해서 하는 말 맞아?

>>> 거짓이 없이 말 그대로임. 또는 그런 말.

정말과 거짓말의 뜻을 알고 있나요? 잘 안다고요? 그럼 문제를 내 볼게요.

첫 번째 문제. 친구가 몇 시간에 걸쳐서 얻은 게임 아이템을 자랑하는데, 거기에 대고 "게임을 많이 하면 머리가 나빠져."라고 말했어요. 이건 정말일까요?

두 번째 문제. 이번 달 용돈을 다 써 버려서 함께 간식을 먹으러 가지 못한다는 친구에게 "아껴 쓰지 않았으니 어쩔 수 없지."라고 말했어요. 이건 정말일까요?

여러분은 어떻게 생각하나요? 저는 둘 다 정말이 아니라고 생각해요. 논리적으로 맞는 말을 해도 좋은 마음으로 하지 않으면 정말이 될 수 없거든요. 친구에게 나쁘게 말하는데 그게 어떻게 정말일 수 있겠어요?

용돈을 아껴 쓰지 않는 친구가 '정말' 걱정스럽다면 나의 진심을 따뜻한 말로 보여 줘야 해요. "이번에는 내가 살 테니까 같이 가자. 다음에는 네가 사 줘. 난 너랑 맛있는 걸 사 먹는 게 정말 즐겁거든. 그래서 앞으로는 네가 용돈을 계획적으로 썼으면 좋겠어. 같이 못 가는 일이 없도록 말이야."라고 말이에요. 이런 게 정말이에요.

정말은 서로를 걱정하고, 함께 기뻐하는 감정이 듬뿍 담긴 말이에요. "정말 괜찮아?"에는 걱정이 담겨 있고, "네가 정말 해냈구나!"에는 기쁨과 축하가 담겨 있지요. 그러니 정(正)말을 감정이 담긴 정(情)말로 불러도 좋겠다는 생각이 들어요.

생각해 보기

이제 상대를 위하는 마음으로 정말과 거짓말을 구분한다는 사실을 알았지요? 자, 게임을 너무 많이 하는 친구가 걱정스러워요. 이때 어떻게 말해야 정말이 될까요?

미안해, 다시 실수하지 않을게

>>> 부주의하여 의도하지 않은 결과를 일으킨 행위. 손을 놓침.

실수(失手)의 한자를 살펴보면 손(手)을 놓친다(失)는 뜻이에요. 소중한 물건을 손에서 놓쳐 떨어뜨렸을 때, 혹은 복잡한 곳에서 부모님이 우리 손을 놓쳤을 때를 상상해 보면 이해하기 쉬워요. 놀이공원에서 신나게 돌아다니다가 정신을 차려 보니 부모님이 안 보인다고 상상해 봐요. 정말 가슴이 철렁 내려앉아요. 대체 나를 두고 어디로 가신 건지, 부모님을 찾아서 사방을 두리번거립니다. 마침내 찾은 부모님의 얼굴은 하얗게 질려 있어요. 그리고 나에게 신신당부해요. "앞으로 엄마랑 아빠 손 꼭 잡고 다녀!"

우리는 살면서 수많은 실수를 합니다. 지금까지 했던 실수 중 가장 아프고 후회스러운 일은 무엇인가요? 어떤 실수는 금방 돌이킬 수 있지만, 어떤 실수는 평생 돌이키지 못해서 후회로 남아요. 만약 하나밖에 없는, 아끼는 물건을 놓쳐서 깨뜨리면 정말 허무하고 슬프겠죠.

하지만 가장 뼈아픈 실수는 소중한 사람을 놓치는 거예요.

당연히 늘 내 손을 꼭 잡고 있을 거라고 믿던 친구에게 절교를 당한 슬픔은 겪어 본 사람만이 느낄 수 있어요. '내가 무슨 잘못을 했을까?' 돌이켜 봐도, 이미 떠난 친구의 손을 다시 잡기는 힘들지요.

나를 조금 더 자주 돌아보고, 상대방의 손을 조금 더 꼭 잡으면 실수를 줄일 수 있어요. 진심 어린 사과만 제때 건넬 줄 알아도 아름다운 우정을 오래도록 나눌 수 있을 거예요.

생각해 보기

최근에 한 실수를 떠올려 보고, 똑같은 실수를 다시 하지 않으려면 어떻게 해야 할지 적어 봅시다.

우리 소통해요, 친해져 봐요

>>> 말이 통함.

친한 친구가 어느 날 갑자기 말수가 없어지면 어떨까요? '얘가 나한테 삐쳤나? 무슨 고민이 있나? 혹시 나쁜 일이 생긴 건가?' 별별 상상을 다 할 거예요.

사람이 항상 말을 해야 하는 것도 아닌데 왜 우리는 친구의 말수가 줄어들면 걱정이 될까요?

이 질문의 답을 소통이라는 단어에서 찾을 수 있어요. 소통이란 한마디로 '말이 통한다'라는 뜻이에요. '말이 통한다'라는 표현을 언제 쓰나요? 상대와 내가 마음이 맞을 때 말이 통한다고 하지요. 이게 바로 소통의 진짜 의미예요.

마음이 맞으려면 서로 마음이 통하는 말을 해야 해요. 상대방이 무슨 말을 하는지 도통 관심도 없을뿐더러 알려고 노력하지도 않는 사람에게 흔히 '쇠귀에 경 읽기'라는 표현을 써요. 소는 사람이 읽는 경전을 알아듣지 못해요. 이처럼 말이 전혀 통하지 않을 때 '쇠귀에 경 읽기'라고 합니다.

소통을 잘하려면 먼저 상대에게 관심이 있어야 해요. 상대에게 어떻게 전달해야 효과적일지, 혹시라도 오해하지는 않을지 신경 쓰며 제대로 말하기 위해 노력해야 해요.

또한 소통은 용기가 필요한 일이에요. 내 속을 상대에게 꺼내 보이기는 어렵지만, 그 어려움을 극복하면 진정한 행복이 찾아와요. 불안하거나 우울한 일이 있어도 극복할 수 있지요. "기쁨은 나누면 두 배가 되고, 슬픔은 나누면 반으로 줄어든다."라는 속담이 있어요. 이보다 더 소통의 중요성을 보여 주는 속담이 어디 있을까요?

말수가 줄어든 친구가 있으면 "무슨 일 있어?"라고 물어보고 친구의 이야기를 들어 주세요. 거꾸로 누군가가 내게 "무슨 일 있어?"라고 물어본다면, 요즘 내 기분이 어땠는지 생각해 보고 말하면 좋아요.

> **생각해 보기**

친해지고 싶은 친구 한 명을 떠올리고, 그 친구에게 어떤 말을 걸면 친해질 수 있을지 생각해 봅시다. 그 친구가 좋아하는 주제로 말을 걸면 좋겠지요?

_____

_____

_____

최근에 소통이 잘되지 않아 힘들었던 적이 있나요? 그게 누구였고, 그 이유가 무엇이었는지 적어 봅시다.

_____

_____

_____

조화로운 사람이 살아남는다

>>> 서로 잘 어울림.

조화(調和)는 고르다, 즉 평평하다는 의미의 '조(調)'와 화합한다는 의미의 '화(和)'가 합쳐진 말이에요. 즉, 서로 고르게 어우러지는 것이 조화입니다.

여기서 '고르다'는 '모두 똑같다'라는 뜻이 아니에요. 오히려 조화로움은 '서로 다름'에서 나와요. 그림을 그릴 때 다양한 색깔을 고르게 사용해야 그림이 조화롭고 예쁘게 느껴져요. 만약 한 가지 색만을 사용해 그림을 그리면 허전해 보일 거예요.

우리가 살아가는 사회 역시 마찬가지예요. 사회가 조화롭다는 말은 무슨 의미일까요? 마치 알록달록한 그림처럼, 사람들이 서로 다른 점을 인정하고 서로 부족한 부분을 채워 준다는 뜻이에요. 그러니 조화의 다른 말은 배려 그리고 도움이 되겠네요.

반 대항전을 연다고 상상해 봅시다. 각자 이름을 써 놓은 공을 운동장에 흩어 놓고, 주어진 시간 안에 자신의 이름이 적힌 공을 가장 많이 찾는 반이 이기는 게임을 한다고 해 보죠.

　자신의 이름이 적힌 공만 찾는 반, 그리고 일단 자기 앞에 있는 공에 적힌 이름을 확인한 후 그 친구에게 전달하는 반. 어떤 쪽이 승리할까요? 네, 맞아요. 서로 도와준 반이 쉽게 이길 거예요. 자신의 이름이 적힌 공을 수많은 공 사이에서 각자 찾으려면 시간이 너무 오래 걸릴 거예요. 반면에 다른 이름이 적힌 공을 그 친구에게 주면 내 이름이 적힌 공도 나에게 돌아오겠지요.

　너무 이상적인 이야기 같다고요? 우리에게 전해지는 옛이야기들을 들어 봐도 알 수 있어요. 〈흥부와 놀부〉의 놀부처럼 내 이익만 생각하며 챙기려 하면 다툼이 생기고 불행해져요. 하지만 〈의좋은 형제〉의 형제처럼 서로를 챙겨 주면 조화를 이루며 더욱 행복해져요. 그러니 내 이익을 위해서라도 서로 도와주며 조화롭게 살아요.

> **생각해 보기**

조화를 이루려면 각자의 특성에 맞게 배려해 주면 돼요. 내가 생각하는 배려의 예를 써 봅시다. (예: 나는 빵을 반 개만 먹어도 배가 부른데, 친구는 빵 한 개를 다 먹어도 배고파한다. 빵을 똑같이 한 개씩 받았다면 내 빵 반 개를 친구에게 줄 것이다.)

_____

_____

_____

단짝 친구와 내가 친해진 이유는 서로 조화롭기 때문일 거예요. 어떤 면이 서로 조화롭게 잘 맞는다고 생각하나요?

_____

_____

_____

우리 만남은
우연이 아니야

>>> 만나는 일.

우리말 '만나다'의 어원을 따라가면 '맞다'라는 말이 나와요. '맞이하다, 마중'과 관련이 있는 말입니다. 그러니까 '만나다'는 기본적으로 맞이하는 것, 마주하는 것이에요. 누군가를 맞이하고 마주하기 위해 기다리는 것도 포함하지요.

우리는 누군가를 만나서 기뻐하기도 하고 상처를 입기도 해요. 평생 사이좋게 지내길 바라지만 사람의 사이는 변할 수 있으니까요. 자석처럼 꼭 붙어 지내다가도 마음이 맞지 않아 싸우고 다시는 보지 않기도 해요. 혹은 친구가 멀리 이사해서 전학을 가면, 아무도 잘못하지 않았는데도 서로 만나지 못하면서 점점 멀어지기도 해요.

그래서 새로운 친구를 만나는 걸 두려워하는 사람도 많지요. '만났다가 내가 상처를 입으면 어쩌지? 사이가 어긋나면 어쩌지?' 하는 걱정 때문에요. 하지만 새로운 관계는 새로운 기쁨을 주는 경우가 훨씬 많아요. 지금까지 만난 사람 중에 만나지 않았으면 더 좋았을 사람이 몇 명이나 있나요? 막상 떠올려 보면 그리 많지 않을 거예요.

　새로운 사람을 만나면 새로운 세상을 만날 수 있어요. 나와는 다른 사람이 보여 주는 세상이 낯설기도 하지만 즐겁고 기쁜 일도 생겨요. 그뿐인가요? 서로 위로해 주는 사람이 많을수록 슬픔도 고통도 더 빨리 치유할 수 있지요. 또 삶은 사람을 만나는 일의 연속이기도 해요. 이 사실을 꼭 기억하세요!

생각해 보기

지금까지 만난 사람 중에 만나지 않았으면 더 좋았을 사람을 떠올려 봅시다. 그 사람에게도 분명 장점이 있고, 그 사람과 함께해서 기뻤던 순간도 있을 거예요. 한번 적어 봅시다. 나빴던 인연을 좋은 인연으로 바꾸어 봐요.

좋은 마음이 자라는
깊은 우리말

너랑 놀 시간이 어디 있어?

>>> 어떤 시각에서 어떤 시각까지의 사이.

혹시 이런 경험이 있나요? 숙제를 하고 있는데 동생이 방에 들어오더니 함께 놀자고 졸라요. 하지만 숙제를 하지 않으면 내일 선생님께 꾸중을 들을 것이 뻔해요. 귀찮기도 하고요. 그래서 손을 휘휘 내저으며 동생에게 이야기하지요.
"시간 없어. 나중에!"

사람들은 이렇게 말할 때가 많아요. "시간 없어. 그러니 나중에 하자." 하지만 정말 시간이 없나요? 동생이 함께 놀자고 내 방에 찾아오면 숙제하느라 시간 없다며 내보낼 때가 많지요. 하지만 숙제를 다 하고 나서도 동생과 놀아 주지 않고 SNS나 게임을 하느라 바빠요. SNS나 게임을 하는 시간이 동생과 함께하는 시간보다 더 의미가 있을까요?

수학 시간에 시각과 시간의 차이를 배웠지요? 시각은 '몇 시 몇 분'으로 콕 집어 나타내는 시점이에요. 시간은 '때 시(時)'와 '사이 간(間)'을 써요. 때와 때 사이라는 뜻이지요. 즉, 시간은 상대적인 개념이에요. 모두에게 똑같이 한 시간이 주어

져도 어떤 사람은 그 시간을 의미 있게 쓰고 어떤 사람은 의미 없이 흘려보내요.

시간을 의미 있게 보내려면 어떻게 해야 할까요? 오늘 나에게 주어진 좋은 시간을 충분히 누려야 해요. 나와의 약속도, 부모님과의 약속도, 선생님이나 친구들과의 약속도 미루지 않아야 해요. 소중한 사람들과 함께하는, 다시 돌아오지 않을 시간을 놓치지 않았으면 좋겠어요.

생각해 보기

시간에 여유가 있다면 하고 싶은, 재미있고 유익하고 좋은 일들에는 뭐가 있을까요? (예: 익산에 있는 보석박물관에 가 보고 싶어.) 다 적었으면, 이제부터 하나하나 실천해 보세요.

궁금증은 세상에서 가장 아름다운 병이야

>>> 무엇이 몹시 알고 싶은 마음.

여러분은 궁금증이 많은 편인가요? 모든 일에 궁금증이 많은 친구들은 부모님한테 핀잔을 듣기도 해요. "얘가 왜 이리 알고 싶은 게 많아?" 하고요. 하지만 이렇게 귀찮은 듯 말씀하시다가도, 이내 부모님은 우리 물음에 답해 주시곤 하지요.

궁금증의 '증(症)'은 병에 걸린 상태를 뜻하는 말이에요. 맞아요, '증상'의 '증'이에요. 그래서 원래 우리말에서는 단어 뒤에 '-증'이라는 말이 붙으면 안 좋은 뜻이 돼요. 예를 들어 오래 접해서 익숙해지면 싫어지는 병이 '싫증'인데, '싫다'에 '증'이 붙어 싫증이 되었어요.

하지만 '궁금증'만큼은 예외예요. 궁금증은 세상을 궁금해하는 아름다운 병이거든요. 과학자 아이작 뉴턴은 나무에서 떨어지는 사과를 보고 궁금증이 도졌어요. '사과가 왜 떨어질까? 사과는 떨어지는데 왜 더 무거운 달은 떨어지지 않을까? 왜? 왜?' 그런데 여기서 갑자기 만날 "왜? 왜 그런 건데?"를 입에 달고 사는 동생이 떠오르는 건 왜일까요?

궁금증이 도지면, 당연해 보이는 사실도 '왜 그럴까?' 의문을 갖고 곰곰이 생각하게 돼요. 그래서 세상을 더 깊이 알게 된답니다. 뉴턴도 자신의 궁금증을 해결해 나가다가 우주의 비밀을 발견했어요. 만약에 궁금증이 없었다면 인류는 지금처럼 발전하지 못했을 거예요. 세상을 궁금해하는 아름다운 병, 궁금증을 적극 추천해요.

생각해 보기

평소에 무심히 지나쳤지만, 다시 생각해 보니 왜 그런지 궁금해지는 것이 있나요? 하나만 적어 봅시다. 답은 어떻게 아느냐고요? 엄마, 아빠한테 물어보세요. (예: 인덕션은 불도 없이 어떻게 냄비를 뜨겁게 만들어요?)

모든 사람이 내 스승입니다

>>> 나를 가르치고 이끌어 주는 사람.

우리말의 '스승'은 원래 '무당'이라는 뜻이었다고 해요. 왜 스승이 무당이었을까요? 옛날의 무당과 지금의 무당은 역할이 달랐답니다. 옛날에는 무당이 사람들에게 지혜를 가르치고, 병을 고치고, 사람들의 이야기를 들어 주는 사람이었어요. 이제 이해가 되지요? 선생님도 우리 이야기를 들어 주고, 공부든 친구 관계든 궁금한 것을 물어보면 척척 대답해 주시잖아요.

병원이나 카페에 앉아 있으면, 직원들이 손님들에게 선생님이라고 부르는 모습을 심심찮게 볼 수 있어요. 택시를 타도 기사님이 우리 아빠나 엄마에게 선생님이라고 부를 때가 많아요. 이렇게 우리나라 사람들은 모르는 사람을 부를 때 주로 '선생님'이라고 해요. 수많은 호칭 중에 손님도 아니고 왜 선생님이라고 부를까요?

모르는 사람을 부를 때 선생님이라고 하는 이유는 서로에게 배우려는 마음이 있기 때문이에요. 다시 말해 모든 사람에게 배울 점이 있다는 뜻이지요. 서로 선생님이라고 부르면 아무래도 태도도 조심하게 되고요. 모든 사람을 나의 스승으로 삼고 존중하는 마음으로 대하면 세상이 더 아름다워지지 않을까요?

그런 뜻에서 오늘 친구에게 "선생님!"이라고 한번 불러 볼까요? 어떤 반응을 보일지 너무 궁금해요.

생각해 보기

공자는 "세 사람이 길을 가면 그중 반드시 나의 스승이 있다."라고 했어요. 내 친구 중에 배울 점이 있는 친구를 떠올려 보세요. 그 친구의 어떤 점을 배우고 싶나요?

평등하게 나누자, 평등하게!

>>> 모든 사람을 동등하게 차별 없이 대하는 것.

어느 쪽이 진짜 평등일까요?

"평등 즉 불평등, 불평등 즉 평등(平等卽不平等, 不平等卽平等)." 중국 사람들이 쓰는 격언이에요. "평등한 게 불평등한 것이고, 불평등한 게 평등한 것이다."라는 뜻이에요. 이게 도대체 무슨 말일까요? 겉으로는 평등해 보이지만 사실은 불평등하고, 겉으로는 불평등해 보이지만 사실은 평등한 일이 많다는 뜻이에요.

토끼와 거북이 우화를 잘 알고 있지요? 육지에서 사는 토끼와 바다에서 사는 거북이가 땅에서 경주하면 과연 평등할까요? 경주 자체만 보면 평등해 보이지만 서로 조건이 너무나 다릅니다. 토끼에게만 유리한 시합이에요. 이런 것이 바로 '평등 즉 불평등'이에요. 겉으로는 평등해 보이지만 사실은 평등하지 않답니다. 고등학생과 초등학생이 팔씨름으로 우열을 가리는 것 역시 마찬가지예요.

겉으로는 불평등해 보이지만 사실은 평등한 일도 있어요. 예전에 미국에서는 텔레비전에 자막을 다는 기계를 따로 사야만 자막을 볼 수 있었어요. 청각장애인은 울며 겨자 먹기로 이 기계를 사야 했고요. 이후 기술이 발전해서 텔레비전 안에 자막을 다는 기능을 넣게 되었어요. 비장애인은 필요 없는 기능이 들어가서 텔레비전 가격이 올라갔다고 불평할 수 있지만, 청각장애인은 비싼 기계를 따로 사지 않아도 되니 이것이 진짜 평등이지요.

똑같은 나이의 아이들끼리 경쟁해서 공부한 만큼 좋은 성적을 받는 일은 평등한 일이에요. 하지만 여기에도 함정이 있어요. 공부하기 어려운 환경에 놓인 아이와 열심히 공부할 수 있게 부모님이 모든 것을 지원하는 아이가 똑같이 경쟁하는 게 진짜 평등일까요?

힘이 없고 부족한 사람들에게는 '평등 즉 불평등'이 계속되는 세상이에요. 사회 정책을 만드는 사람들만이라도 더불어 함께 살아갈 수 있도록 '평등 즉 불평등'과 '불평등 즉 평등'을 깊이 고민한다면 더욱 좋은 세상이 될 수 있을 거예요.

우리 주위에서 '불평등 즉 평등'과 '평등 즉 불평등'의 예를 찾아 적어 보세요.

불평등 즉 평등: 불평등해 보이지만 사실은 평등하다.

평등 즉 불평등: 평등해 보이지만 사실은 불평등하다.

나쁜 짓을 해 놓고 최선을 다했다니

>>> 가장 좋고 훌륭하고 선함.

75

우리는 일상생활에서 "최선을 다할게요!"라는 말을 참 많이 사용해요. 무조건 열심히 하겠다는 의미로 쓰지요. 여기에는 오해가 있어요. 최선은 '열심'이 아니에요. 최선(最善)의 뜻은 '가장 선한 것' 또는 '가장 좋은 것'이랍니다. 그러니 최선을 다한다는 말은 선한 일이나 좋은 일에만 사용할 수 있어요.

경시대회에서 좋은 점수를 받으려고 커닝을 했다면 최선을 다했다고 말할 수 없어요. 친구가 좋은 점수를 받는 것이 싫어서 그 친구가 모르는 문제를 알려 주지 않았다면 최선을 다한 게 아니에요. 이렇듯 그저 좋은 결과를 얻으려고 노력한다고 해서 최선을 다한다는 말을 쓸 수는 없어요.

한편, 스스로 한계를 짓고 '지금은 내 사정이 안 좋으니 어쩔 수 없어.'라고 포기하는 것도 최선이 아니에요. 예를 들면 부모님에게 항상 바르고 고운 말만 하겠다고 결심해 놓고 종종 나쁜 말을 해서 상처를 주곤 하지요. 그러고는 이렇게 생각해요. '내 기분이 좋지 않아서 나도 모르게 나쁜 말이 튀어

나온 거야. 나는 나쁜 말을 하지 않으려고 최선을 다했어!'

　최선을 다한다는 말은 신중하게 써야 해요. 나의 행복만 추구하면서 최선을 다했다고 말하지는 않았나요? 나와 내 주변 사람들의 행복은 서로 연결되어 있어요. 모두 행복해지는 삶이 최선이랍니다. 오늘 하루, 최선을 다하며 살고 있나요?

생각해 보기

최근에 최선을 다한 일을 떠올려 적어 봐요. 그때 내가 가장 선한 일, 즉 진정한 의미로 최선을 다했는지 돌아보세요.

열심히 해서
차선을 최선으로
만들자

>>> 최선의 다음.

학교에서 특별활동을 선택할 때 내가 하고 싶은 활동이 없어서 시무룩했던 적이 있나요? 로봇 만들기를 너무 하고 싶었지만, 수업이 열리지 않아서 바둑이나 종이접기를 선택해야 했던 경험이 있을 거예요. 이걸 우리는 '차선'이라고 불러요. 최선이 없어서 그다음으로 좋은 것을 선택한 것이지요.

차선을 선택하는 것을 어떻게 생각하나요? 아무래도 하고 싶은 활동이 없어서 '어쩔 수 없이' 선택한 것이니 영 별로일까요? 그런 마음으로 특별활동을 한다면 즐거울 리 없어요. 분명 최선 그다음의 것을 선택했는데, 내 마음은 차선이 아닌 '차악'을 선택한 듯 우울해져요.

늘 최선만 선택하면서 살 수는 없어요. 특별활동, 저녁 식사 메뉴, 여름방학 계획, 가고 싶은 학교까지. 그러니 차선을 선택했다면 불만을 가지지 말고 그에 만족해야 해요. 그러지 않으면 차악을 선택한 셈이 되어 최악의 결과를 낳거든요.

반면 지금 자신에게 차선으로 주어진 기회를 살리면 최선으로 바꿀 수 있어요. 차선이라고 생각했던 종이접기가 생각보다 훨씬 재미있어서 최선이 될 수도 있는 것처럼요. 재미를 붙여서 더 열심히 하면 종이접기 대회에서 상을 탈 수도!

차선은 최선 다음으로 '좋은' 선택이에요. 자신의 선택을 믿고 좋다고 말해 보세요. 세상에는 나쁜 건 없어요. 덜 좋은 것만 있을 뿐이지요.

생각해 보기

최근에 차선을 선택했던 경험을 떠올려 봅시다. 어떤 선택이었나요? 이 선택을 최선이 아닌 차선이라고 생각한 이유는 무엇인가요?

내게 누군가를 <u>손가락질</u>할 자격이 있을까?

>>> 얕보거나 흉보는 짓.

'-질'이라는 말은 주로 행위를 나타낼 때 쓰여요. 발길질, 헛손질 등에 쓰이는 말로, 보통 좋은 행위에는 쓰지 않아요. 손가락질도 좋은 행동은 아니겠지요? 손가락질은 남을 비난하는 행위예요. 손가락질을 받는다는 말은 남에게 비난을 받는다는 뜻이고요.

그러니 함부로 남을 손가락으로 가리켜서는 안 돼요. 남을 손가락질할 때는 보통 싸울 때예요. 엄청나게 심각한 상황이지요. 싸우는 모습을 보면 서로 손가락을 상대편 얼굴로 마구 내질러요. 내가 잘했고 네가 잘못했다며 상대를 비난하면서요.

그런데 손가락질하는 손의 모양을 가만히 보세요. 상대를 가리키는 손가락은 집게손가락 하나입니다. 그런데 자신을 가리키는 손가락은 가운뎃손가락, 약손가락, 새끼손가락까지 무려 세 개예요. "너는 남의 잘못만 볼 줄 알지, 정작 네 잘못은 볼 줄 모르는구나!" 하며 내 손이 나를 꾸짖는 것은 아닐까요?

사람들은 늘 자기 잘못은 잘 보지 못하고, 남의 잘못만 보고 싶어 해요. 그러니 누구를 비난하고 싶을 때는 세 손가락을 기억하세요. 나는 잘했나? 나는 문제없나? 그 사람을 비난할 자격이 있나? 그러면 남을 비난하고 싶은 마음도 저절로 수그러들지 않을까 해요.

생각해 보기

"제 눈의 들보는 보지 못하고 남 눈의 티끌만 탓한다."라는 속담이 있어요. 자기 잘못은 보지 못하고 남의 잘못만 탓했던 부끄러운 경험이 있나요? 어떤 상황이었는지, 앞으로 그러지 않으려면 어떤 자세를 가져야 할지 적어 봅시다.

왜 쓸데없이 싸움을 거나요?

>>> 상대방을 말이나 힘으로 이기려고 다툼.

만약 내가 해외로 유학이나 어학연수를 간다고 한번 상상해 보세요. 낯선 곳에서 생활하면 기대되는 일도 많겠지만 걱정되는 일도 있겠지요? 가장 먼저 '영어를 잘하지 못하면 어쩌지?', '음식이 입에 안 맞으면 어쩌지?' 하는 생각이 들 거예요.

우리 옛말에 "이가 없으면 잇몸으로 산다."라는 말이 있잖아요. 영어를 못해도 손짓 발짓 하다 보면 언젠가는 잘하게 되고, 음식도 계속 먹다 보면 맛있어진다고 해요. 누가? 실제로 유학을 다녀온 사람들이요. 그러니 영어를 못하고 음식이 안 맞는다고 크게 걱정할 필요는 없어요.

유학을 간 사람들이 실제로 맞닥뜨리는 가장 큰 문제는 문화 차이예요. 특히 우리나라 사람들은 이야기를 하면서 상대의 눈을 바라보지 않아 오해를 살 때가 많다고 해요. 우리나라에는 어른들이 말씀하실 때 너무 똑바로 쳐다보면 예의에 어긋난다는 문화가 있었어요. 서양의 문화에서는 상대의 눈을 바라보지 않고 이야기하면 자신을 무시한다고 생각할 수 있거든요. 그 때문에 큰 싸움이 일어날 때도 있다고 해요. 물론 우리나라도 점점 서로의 눈을 바라보며 이야기하는 문화로 바뀌어 가고 있는 것 같지만요.

여기에서 우리는 '싸움'의 원인을 알 수 있어요. 서로 다른 문화를 이해하지 못하고 오해했기 때문이지요. 집안마다 지역마다 문화가 다른데, 나라가 다르면 오죽하겠어요? 오해를 풀려면 그 사람을 이해하면 돼요. 나를 오해한 외국 친구에게 우리 문화가 어떤지 설명하며 진심을 보여 주면 쉽게 오해를 풀 수 있어요. 서로에 대한 존중과 배려 그리고 깊은 이해가 싸움을 줄이지요.

작게는 개인과 개인의 싸움부터 크게는 국가와 국가 간의 싸움, 종교와 종교 간의 싸움까지, 알고 보면 오해에서 시작되는 일이 많아요. 오해를 푸는 방법을 잘 몰라 지금도 피를 흘리며 싸우고 있으니 참 안타까운 일입니다.

> **생각해 보기**

누군가와 싸운 적이 있나요? 그때는 어떤 이유로 화가 났나요?

서로를 이해하지 못하면 싸움이 생깁니다. 다시 그때의 상황으로 돌아가서 상대의 입장에서 나에게 하고 싶은 말을 생각해 적어 보세요.

어렵다고? 이해하면 쉬워!

>>> 이해하기 힘들다.

'어렵다'라는 말을 언제 가장 많이 쓰는지 곰곰이 생각해 보면 아무래도 수학 문제를 풀 때가 아닌가 싶어요. '아, 분명 답이 있는데! 나는 왜 풀이 방법을 생각해 내지 못할까?' 답답함에 부모님 몰래 해답지를 들추어 보면 풀이가 너무 쉬워서 허무하기까지 하지요. 하지만 수학 문제는 오히려 어렵지 않아요. 풀이 과정을 알면 바로 이해할 수 있으니까요.

진짜 어려운 건 답을 알고도 이해하지 못할 때예요. 누구도 차별하면 안 되지만, 내가 좋아하는 사람한테 더 마음이 가지요. 차별하면 안 된다는 답은 이미 아는데 실천할 방법을 몰라서 답답해요.

분명 지각하면 안 되는 것도 알아요. 그런데 늦잠을 잔 날에는 '사정이 생기면 지각할 수도 있지.' 하는 마음이 스멀스멀 올라와요. 또 기독교에서는 원수마저 사랑하라고 해요. 그런데 미워하는 친구를 어떻게 사랑하나요? 이해가 안 돼요.

어렵다는 말은 배우겠다는 뜻을 담고 있어요. 어려운 부분이 나오면 포기하거나 자기 마음대로 생각하지 말고, 계속 배우고 공부해서 마침내 정확하게 이해해야 한다는 뜻이랍니다. 왜 그런 답이 나왔는지 이해하려고 노력하면 삶을 더 잘 살아갈 수 있어요. 어려운 것을 이해하려고 노력하는 사람. 말하자면 사람을 차별하지 않고, 지각하지 않고, 미워하던 친구마저 용서하고 사랑하는 사람이야말로 진정으로 훌륭한 사람이 아닐까요?

생각해 보기

이미 배웠지만 이해하기 힘든 일. 나에게 어려운 일은 무엇인가요?

잘못하지도 않았는데 혼나서 <u>억울</u>해

>>> 분하고 답답함.

빅토르 위고의 소설 《레미제라블》에서 주인공 장 발장은 빵을 훔쳤다는 이유로 무려 19년이나 옥살이를 했어요. 여러분이 평생 산 기간보다 훨씬 더 긴 기간을 감옥에 갇혀 있었던 거죠. 저지른 잘못에 비해 너무 큰 대가를 치른 장 발장, 아마 엄청 억울했을 거예요.

　이처럼 우리가 자주 쓰는 단어인 '억울'이 한자어라는 사실을 알고 있나요? 한자 '누를 억(抑)', '답답할 울(鬱)'을 써요. 나를 억누르는 답답함 때문에 생긴 감정이 바로 억울함이지요.

　그런데 이 '억울'이라는 한자에 억울함을 푸는 실마리가 있어요. 울(鬱) 자를 보세요. 글자가 너무 빽빽해서 보기만 해도 답답한 느낌이 들지요. 즉, 답답함은 꽉 차 있기 때문에 느끼는 감정이에요. 그러니 숨이 막힐 듯 자신을 갑갑하게 조여 오는 '억울'을 벗어나려면 마음에 공간을 만들어야 해요. 우리는 그걸 여유라고 하지요.

좋아하는 일을 하면서 억울함을 달래 보세요. 음악도 듣고, 친구도 만나고, 영화도 보면서 말이지요. 그러다 보면 억울한 일이 대수롭지 않게 느껴지고 힘든 시간도 가뿐히 잘 보낼 수 있어요. 그 외에도 억울함을 이겨 내는 나만의 방법을 다양하게 찾아보자고요. 남의 도움이 아닌 스스로의 힘으로 억울함을 이겨 내 봅시다!

생각해 보기

다른 사람의 잘못을 내가 뒤집어쓴 것처럼 억울한 일을 당했을 때, 억울함을 이겨 내는 나만의 비법이 있다면 적어 보세요.

따뜻한 평가는 고래도 춤추게 한다

>>> 사람이나 물건의 가치와 수준 따위를 따짐.

툭하면 친구들을 평가하는 친구가 있어요. 그 친구가 다른 친구를 평가할 때는 내가 다 긴장해요. 마치 내가 평가받는 기분이라서요. 자기는 뭘 그리 잘한다고 이 친구, 저 친구를 자꾸 평가할까요?

그러고 보면 나도 꽤 평가하기 좋아하네요. 집에서 부모님이 열심히 만들어 주신 요리를 맛있다, 맛없다 평가하곤 하는 걸 보면요. 나는 요리를 하지도 않으면서 말이에요. 학교에서도 내 발표를 평가받는 건 불편하지만, 친구가 발표를 잘했는지 못했는지 평가하는 건 재미있기까지 해요.

평가(評價)의 한자를 풀어 보면 '말을 공평하게 한다'는 뜻이에요. 그런데 정말 공평하게 말하고 있나요? 글쎄요, 나를 보는 기준과 남을 보는 기준이 공평하지 않은 경우가 더 많아요. 내가 누군가에게 평가받을 때는 불편하고, 거꾸로 내가 누군가를 평가할 때는 쉽게 상처를 주는 이유도 '평가'의 원래 뜻을 따르지 않기 때문이 아닐까요?

그러니 남을 평가할 때는 평가의 원래 뜻을 떠올려 보세요. 상대를 겨누던 뾰족한 칼날을 거두고 상대의 긍정적인 부분을 돋보이게 평가하는 거지요. 거꾸로 내가 평가받을 때도 너무 상처를 입을 필요가 없어요. '아, 저 사람은 아직 평가의 뜻을 모르는구나!'라고 생각하면서 나는 사랑을 가득 담아 따뜻하게 평가해 주세요. 세상도 그만큼 따뜻해질 거예요.

생각해 보기

부당한 평가를 들어 본 적이 있다면, 어떤 내용이었나요? 그때 어떻게 대처했나요? 만약 다시 그때로 돌아간다면 어떻게 대처하고 싶나요?

왕따라는 말은 갖다 버려야 해

>>> 따돌림을 당하는 사람.

예전에는 왕따가 없었다는 사실을 알고 있나요? 따돌림당하는 아이가 없었다는 뜻이 아니에요. 왕따라는 '말'이 없었다는 뜻이에요. 예전에는 잠깐 따돌림을 당해도 곧 다시 친구들과 어울릴 수 있었고, 새로운 친구를 만들 수도 있었답니다.

그런데 일본에서 '이지메'라는 표현이 들어왔고, 이것이 우리나라 말로 번역되면서 '따돌림을 당하는 사람'이라는 뜻의 '왕따'라는 말이 생겼어요. 이건 매우 심각한 일이에요. 왕따란 따돌림당하는 사람한테 '넌 그럴 만하다'라고 낙인을 찍는 말이니까요. 한번 왕따 딱지가 붙으면 아이들은 그 친구를 왕따라며 업신여기고 어울리지도 않아요.

인간은 사회적 동물입니다. 단순히 사람들이 모였다고 '사회'가 되는 게 아니에요. '사회'에는 서로 돕는다는 의미가 있어요. 서로 돕지 않고 관심을 갖지 않으면 사회가 아니에요. 그러니 왕따를 만들어 내는 곳은 사회라고 할 수 없어요. 폭력적인 동물들이 모인 집단일 뿐이지요.

 폭력적인 동물과 같은 수준이 되고 싶지 않다면 왕따라는 말을 쓰지 않아야 해요. 언어는 쓰지 않으면 자연스레 사라져요. 왕따라는 말이 사라지면 왕따 현상도 날려 버릴 수 있을 거예요.

> **생각해 보기**
>
> 같은 반 친구가 따돌림을 당하고 있다면 어떤 도움을 줄 수 있을까요? 생각나는 방법들을 모두 적어 봅시다.

들으면 힘이 나는 놀라운 우리말

약자도 배려할 줄 모르면서 어떻게 선진국이 되나?

>>> 마음을 써서 보살피고 도와줌.

횡단보도를 건널 때 파란불 신호가 너무 짧다는 생각이 종종 들어요. 조금만 천천히 걸어도 금세 빨간불로 바뀌니까요. 차들이 "빨리 건너!" 하고 재촉하듯이 빵빵거리면 당황해서 나도 모르게 뛰게 돼요. 걸음이 느린 할아버지, 할머니는 횡단보도에서 그야말로 죄인이 되고요.

그런데 이처럼 배려 없는 일이 벌어지는 횡단보도가 사실은 '배려의 결과'로 만들어졌답니다. 예전에는 횡단보도가 드물고 육교가 많았어요. 차가 신호를 받지 않고 쌩쌩 달릴 수 있게 육교를 지은 거예요. 차를 타고 다니는 사람은 편하고 걸어다니는 사람은 불편하게 만든 다리가 육교예요.

사람을 배려하기 위해 계단을 힘들게 오르내리지 않도록 육교를 없애고 횡단보도를 많이 만들었는데, 파란불 신호가 너무 짧아서 이것도 완벽하지 않은 대책이었어요. 하지만 '어떻게 하면 사람을 더 배려할 수 있을까?'라는 생각으로 열심히 고민하다 보면 반드시 해결책이 나오게 마련이에요.

최근에는 육교에 엘리베이터를 설치하고 있어요. 노인, 장애인, 아이 모두가 시간에 쫓기지 않으면서도 편하게 건널 수 있도록 말이지요.

그리고 횡단보도도 바뀌고 있어요. 파란불 신호를 아주 길게 바꾸어서 걸음이 느린 사람도 여유 있게 건널 수 있는 횡단보도가 늘어나고 있답니다. 아예 횡단보도를 사람이 걷는 인도와 같은 색으로 칠해 버리기도 해요. 쌩쌩 달리는 차한테 "보행자를 배려해!"라고 경고를 보내는 거예요.

배려는 사회적 약자들이 좀 더 편하게 살 수 있게 해 주는 아주 중요한 가치예요. 사람을 배려하는 마음으로 주변을 살피면 바꾸어야 할 것들이 눈에 많이 보일 거예요. 또한 내가 남을 배려하듯이, 나 역시 누군가에게 어떤 방식으로든 배려받고 있다는 사실을 잊지 말아요.

> **생각해 보기**

어떤 것을 보고 '아, 이걸 조금만 바꾸면 어려움을 겪는 사람들을 배려할 수 있는데!'라고 생각한 적이 있나요? 그것이 무엇이고 어디서 보았는지 적어 봅시다.

_____

_____

_____

그것의 어떤 점을 바꾸고 싶나요?

_____

_____

_____

제 장래 희망은 '좋은' 의사 입니다

>>> 장차 하고자 하는 직업이나 일.

어린이라면 피할 수 없는 질문. "너의 장래 희망은 무엇이니?" 과학자든 청소부든 농부든, 세상에 기여할 수 있는 일이라면 무슨 대답을 내놓든 자기 자유예요. 요즘은 의사를 장래 희망으로 가장 많이 꼽더라고요.

그런데 의사가 무슨 일을 하는 사람인지 정확하게 알고 있나요? 하나 더. 왜 의사가 되고 싶나요? 그저 돈을 많이 버는 근사한 직업으로 보여서인가요? 혹은 부모님이 "의사가 가장 좋은 직업이야."라고 말씀하셨기 때문은 아닌가요? 그런 마음으로 의사가 된들 좋은 의사로 활약할 수 있을까요?

장래 희망 앞에는 '좋은'이라는 말이 꼭 붙어야 한다고 생각해요. 단순히 의사가 아닌 '좋은' 의사를 장래 희망으로 삼으면, 의사 면허를 땄다고 해서 장래 희망을 이룬 게 아니에요. 평생 좋은 의사가 되기 위해 노력해야 하니까요.

그러니 열심히 공부해서 의사가 되었다고 해도 장래 희망을 이루었다고 할 수 없어요. 나 스스로 '좋은 의사인가?'라는 물음에 기꺼이 그렇다고 대답할 수 있을 때 비로소 장래 희망을 이룬 것이지요. 나아가서 다른 사람들에게도 좋은 의사로 평가받을 수 있다면 더욱 좋겠지요. 언제나 '좋은 의사'가 되겠다는 마음가짐으로 환자를 돌보는 자세가 더욱 중요하답니다. 우리 모두 장래 희망 앞에 '좋은'이라는 말을 붙이는 세상을 꿈꿔 봐요.

생각해 보기

내 장래 희망은 좋은 _____ 입니다. 좋은 ○○이란 어떤 모습일까요? 그렇게 되려면 나는 어떤 노력을 해야 할까요?

내일 하려고 미루지 말고 지금 해!

>>> 다음 날.

때를 나타내는 말들로 무엇이 있을까요? 오늘, 어제, 그제, 내일, 모레, 글피. 많기도 하네요. 그런데 이 말들을 잘 살펴보세요. 오직 '내일(來日)'이라는 말만 한자어예요. 나머지는 다 순우리말이지요. 앗, 그렇다면 우리나라 사람들에겐 원래 내일이 없었군요!

이건 우리나라 사람들이 현재를 어떻게 생각하는지 잘 보여 줘요. 우리에게는 아직 오지 않은 내일보다는 늘 오늘, 지금이 중요해요.

외국인들은 "우리 강아지가 예뻐 죽겠다. 할머니가 보고 싶어 죽겠다."라는 말을 이해하지 못한다고 해요. 예쁜데 왜 죽느냐고, 보고 싶은데 왜 죽느냐고, 도대체 왜 자꾸만 죽겠다고 하느냐고 되묻지요. 이 표현은 우리나라 사람들이 죽음에 큰 관심이 없고, 그다지 두려워하지도 않음을 보여 주는 것이랍니다. 여기에서 무엇을 배울 수 있을까요? 죽은 이후에는 소용이 없으니 강아지는 오늘 예뻐하고, 할머니도 오늘 찾아

뵈어야 한다는 교훈이에요.

오늘을 열심히 살고, 오늘 부모님께 잘해야 해요. '숙제는 내일 해야지.'라고 생각하는 순간 왠지 모르게 마음이 불편해져요. '내일부터 부모님한테 잘해야지.'라고 생각하면 계속 내일 또 내일로 미루다가 부모님에게 잘하려는 마음조차 잊어버릴 거예요.

생각해 보기

'내일 해야지.' 하고 미루었던 일을 적어 보세요. 다 적고 나면, 책을 잠깐 덮고 그 일을 하러 갑시다!

<u>위기</u>는 또 다른 기회야

>>> 위험한 고비나 시기.

월드컵은 언제 봐도 흥미진진해요. 우리나라 대표팀이 공을 빼앗길 때는 실점을 하면 어쩌나, 조마조마해서 경기를 똑바로 보기가 힘들 정도예요. 그런데 TV 속 해설위원은 이렇게 말해요. "지금의 위기를 다시 기회로 만들 수 있는 순간이 반드시 옵니다!" 위기가 기회라니 무슨 소리인가 싶어요.

위기(危機)는 '위험(危險)'과 '기회(機會)'가 합쳐진 말이에요. 위험이란 위태롭고 안전하지 못하다는 뜻이고, 기회는 무언가를 하기에 가장 좋은 상황이나 때를 가리키지요. 이제 해설위원의 말이 이해가 가나요? 보통 위기를 나쁘다고 생각하지만 꼭 그렇지만도 않아요. 위기 속에는 항상 해결책이 있고, 그 위기의 시간을 잘 보내면 더 큰 성취를 이룰 수 있거든요.

한편 기회는 그 반대예요. 기회에는 좋은 측면도, 위험한 측면도 있어요. 심지어 기회라는 뜻의 영어 단어인 '찬스(chance)'는 예상치 못하게 닥친 나쁜 일을 뜻하기도 해요. 예를 들어 병의 원인을 알 수 없을 때 의사들이 "이 병은 찬스입니다."

라고 하지요.

  이렇듯 위기도 기회도 모두 양면이 있어요. 그러니 눈앞에 위기가 닥쳤을 때는 좌절하지 말고, 오히려 기회라고 되뇌어 보세요. 한편, 기회가 왔을 때는 좋은 면을 살리면 기회가 되고, 그렇지 않으면 위기가 된다는 사실을 잊지 말아요.

생각해 보기

남들 앞에서 발표해야 하는 상황을 '위기'라고 여기는 친구들이 많아요. 혹은 잠자리가 바뀌면 잠들지 못하는 친구들에게는 수학여행도 위기 상황이지요. 그렇다면 나의 위기 상황은 무엇인지 적어 봅시다. 이 위기를 기회로 만들려면 어떻게 해야 할까요?

공부하니까 차라리 마음이 편해

>>> 오히려.

"수학 학원 선생님한테 들었어. 숙제를 안 해 갔다면서?"

아빠가 나를 앉혀 놓고 잔소리를 시작하면 마음이 심란해져요. 공부하기도 싫고 왜 공부해야 하는지도 모르겠어요. 이게 다 공부 때문이에요. 이럴 때면 '아, 차라리 돌멩이로 태어날걸.' 하는 생각까지 들어요. 돌멩이로 태어나면 사람들 발에 차이면서 살겠지만, 공부를 하지 않아도 되니 지금보다는 낫지 않을까요?

이처럼 우리는 '차라리'라는 말을 주로 아쉽거나 짜증 날 때 써요. "둘 다 마음에 들지 않지만 그중 하나를 고른다면, 뭐." 이런 의미로 말이에요. 그런데 그거 아나요? '차라리'의 원래 의미는 '편안하다'였어요. 즉 '그렇게 생각하면 마음이 편안해진다.'라는 의미이지요.

'차라리'를 '이랬으면 좋았을 텐데!'라고 후회하며 쓰는 대신, '이러면 조금 더 마음이 편해질 수 있겠다.'라고 생각하며 해결책을 찾을 때 사용해 보세요. '공부가 하기 싫어서 게으

름 피울 시간에 차라리 수학 숙제를 하는 게 좋겠다.'라고 마음먹는 거지요. 물론 해결책을 마지못해 찾으면 곤란해요. '차라리'를 이용해 마음이 편안해지는 걸 목표로 삼아 보세요.

> **생각해 보기**

요즘 내가 가장 하기 싫은 일이 무엇인가요? '차라리'를 사용해서 해결책도 찾아보세요.

잘 안 풀리면
<u>기지개</u>를
켜 봐

>>> 몸을 쭉 펴고
팔다리를 뻗는 일.

'기지개를 켜다'라는 말은 참 신기해요. 들으면 왠지 새롭게 다시 시작하는 희망찬 느낌이 들거든요. 봄이 오면 겨우내 웅크리고 있던 만물이 기지개를 켜듯이 말이지요.

 기지개가 기직(氣直), 즉 '기를 쭉 편다'라는 뜻의 한자어에서 왔다는 말이 있어요. 정말 그런지는 아직 몰라요. 하지만 기지개가 갑작스러운 움직임에 몸이 놀라지 않도록 기운을 쭉 펴는 행동이라고 생각하면 일리 있는 말 같기도 하지요? 아침에 막 일어나서 찌뿌둥할 때 두 팔을 쭉 뻗어 기지개를 켜 보세요. 온종일 움직임이 편하고 상쾌한 기분이 들 거예요.

 기지개는 아침에 일어났을 때나 피곤하고 졸릴 때만 필요한 게 아니에요. 모든 순간에 필요해요. 수학 문제가 안 풀린다고 조급한 마음에 아무 답이나 적어 내면 반드시 후회하잖아요. 그럴 때 기지개를 한번 켜 보세요. 조급함이 사라지고 마음이 다소 편안해져요. 그러면 보이지 않던 실마리를 잡게 될지도 몰라요.

이왕이면 얼굴 기지개도 켜 봐요. 나도 모르게 얼굴을 찌푸리고 있다면 '하암' 하고 하품을 하는 거예요. 웃음이 나고 표정도 밝아지겠지요?

생각해 보기

보던 책을 잠깐 내려놓고 다음 순서에 맞추어 기지개를 켜 보세요.

두 팔을 하늘로 쭉 뻗었다가 귀 뒤로 보내세요!
목도 뒤로 젖히세요. 하품이 절로 나오도록!
앉은 채로 다리를 앞으로 쭉 뻗어 보세요!
이왕이면 잠깐 일어나서 이리저리 몸을 움직여 보세요!

자, 다 하고 나니 어떤 기분이 드나요?

너무 미리 걱정하는 거 아냐?

>>> 어떤 일이 생기기 전에.

전날 밤에 깜박하고 책가방을 싸지 않아서 아침에 허둥지둥 챙긴 경험이 다들 한 번쯤은 있지요? 이때 엄마한테 꼭 듣는 말이 있어요. "으이구, 어제 미리 싸 놓지 그랬어." 그러면서 꼭 덧붙이시는 말씀. "다람쥐도 추운 겨울을 보내기 위해 도토리를 모아 놓는데, 너는 왜 사람씩이나 되어서 미리 준비를 하지 않니?" 하, 반박할 말이 없네요.

"뭐든지 미리미리!" 우리가 가장 많이 듣는 잔소리 중 하나예요. 물론 걱정을 줄이려면 준비해야 해요. 하지만 '미리'라는 말 때문에 준비해도 소용없는 일까지 앞서서 막연히 걱정하고 있다는 생각이 들어요.

'미리'라는 말은 '밀다'와 관계가 있다고 봐요. 그런데 '밀물'이라는 말을 생각해 볼까요? 밀물은 밀려드는 물을 뜻해요. 밀물을 사람들이 당기나요? 아니에요. 사람이 어찌할 수 없는 중력의 작용이지요. 흠, 이렇게 본다면 '미리'라는 말도 앞으로 올 일을 내가 주체적으로 당겨서 생각하는 게 아니라,

누군가에게 떠밀려서 생각하게 된다는 뜻이 아닐까요?

내가 스스로 생각하면 '준비'이지만 떠밀려서 생각하면 '걱정'이에요. 걱정은 밀물처럼 밀려들어 내 속에서 넘쳐흐르게 됩니다. 마음속에서 걱정을 조금 덜고, 그만큼 여유가 생기면 좋겠네요.

생각해 보기

미리 걱정하던 일을 막상 닥쳐서 해 보니 아무것도 아니었던 적이 있을 거예요. 어떤 일이었고, 왜 걱정했나요? 해 보니 별것 아니었을 때의 감정도 함께 써 봅시다.

까짓것,
별것 아니니까
툭툭 털어 버려

>>> 별것 아닌 것,
대수롭지 않은 것.

친구랑 같이 떠들었는데 나만 혼나면 억울하기 짝이 없어요. 정말 열심히 준비한 발표를 망치면 부끄러워서 쥐구멍에 들어가 버리고 싶지요. 이럴 때 주문처럼 외면 정말로 괜찮아지는 말이 있어요. 아무리 슬퍼도, 아무리 화나도, 아무리 짜증 나도 통하는 말이랍니다.
"까짓것!"

까짓것은 '까짓'에서 출발한 말로 별것 아닌 것, 대수롭지 않은 것이라는 뜻이에요. "그 까짓것, 뭐 대수야?"라고 말하면, 어떤 일이 대수롭지 않다는 뜻이지요. 잘 보면 '까지'라는 말과 관련이 있었던 것 같아요. 그렇다면 이 말 속에는 '그 정도까지는 괜찮다'라는 뜻이 담겨 있다고 봐도 좋겠네요. '까짓것'의 범위가 넓어지면 마음도 덜 괴롭고 우울함도 줄어들어요.

괴로울 때 '까짓것'을 떠올려 보세요. 속으로만 생각하지 말고, 입 밖으로 크게 소리 내어 말해 보세요. 그러면 속이 시원

해져요. '나만 혼난 일이 뭐 대수인가?'라고 별것 아닌 일로 넘길 수 있어요. '발표 한번 망친 거? 별일 아니야. 다음에 잘 하면 되지!'라고 스스로를 달래며 위로할 수 있지요.

까짓것과 함께라면 나를 조금 더 긍정적으로 바라보고 어떤 일이든 가볍게 넘길 수 있어요. 그러니 힘들 때 주문을 외워 보세요.
"까짓것!"

생각해 보기

예전에 억울하거나 화나거나 슬펐던 일을 떠올려 보세요. 어떤 일이었나요? 다 적고 나서 크게 외치세요.
"까짓것!"

이 책이
너에게
행운이 되길

>>> 좋은 운.

'행운' 하면 어떤 일이 떠오르나요? 혹시 경품에 당첨됐을 때를 떠올렸나요? 아니면 시험 볼 때 우연히 내가 잘 아는 문제만 나와서 백 점을 맞았을 때가 떠올랐나요?

이처럼 생각지도 않게 좋은 일이 생겼을 때 우리는 행운을 떠올리지요. 행운은 나의 의지랑 상관없이 주어진다고 생각하는 사람들이 많아요. 행운이라는 단어의 뜻부터가 '좋은 운'인걸요.

행운은 아무에게나 주어지지 않아요. 맞이할 준비를 하는 사람에게 찾아와요. 행운을 맞이할 준비를 하는 것을 넘어서서, 내가 상대의 행운이 되도록 노력하는 모든 순간이 진짜 행운이에요.

정말로 소중하게 생각하는 친구한테 이렇게 말해 보세요. "네가 나를 행운이라고 느끼게 하고 싶어. 시간이 많이 지난 다음, 네가 나를 떠올리면서 '아, 얘랑 친구가 되어서 행운이

다!'라고 생각할 수 있도록 노력할게." 친구는 어떻게 반응할까요? 그 친구도 나에게 똑같은 감정을 느끼게 해 주고 싶어서 우정에 최선을 다하지 않을까요?

서로가 서로의 행운이 되어 주는 세상, 그것이 아름답고 좋은 세상이에요.

생각해 보기

이 책을 읽으며 '아, 이 책을 읽게 되어 행운이다!'라고 느꼈으면 좋겠어요. 모르던 단어의 뜻을 알고, 생각도 해 보고, 그 과정에서 성장한다면 그것이 바로 행운이지요. 이 책에서 가장 인상 깊었던 단어가 무엇인가요? 그 단어가 왜 마음속에 남았고, 거기서 무엇을 배웠는지 적어 봅시다.

나는 나다울 때 가장 아름다워요.
모두 자신의 아름다움을 알고,

상대의 아름다운 내면을
느끼는 순간, 나의 세계는
더 크고 넓어질 거예요.

초등학생을 위한
우리말 생각 사전

초판 1쇄 2024년 1월 10일
초판 2쇄 2024년 6월 12일

원작 조현용 **글** 우리말알림이팀
펴낸이 정은영
편집 김도영
그림 김푸른
디자인 스튜디오 헤이,덕
마케팅 정원식

펴낸곳 주니어마리
출판등록 제2019-000293호
주소 (04037) 서울시 마포구 양화로 59 화승리버스텔 503호
전화 02)336-0729, 0730 **팩스** 070)7610-2870
홈페이지 www.maribooks.com
Email mari@maribooks.com
인쇄 (주)신우인쇄

ISBN 979-11-985556-2-5 (73700)

- 이 책은 주니어마리가 저작권자와의 계약에 따라 발행한 것이므로 본사의 허락 없이는 어떠한 형태나 수단으로도 이용하지 못합니다.
- 잘못된 책은 바꿔 드립니다.
- 가격은 뒤표지에 있습니다.